AF201176

Impressum
Verlag: BABADADA GmbH, Nedderfeld 112 , 22529 Hamburg
Geschäftsführer / Verlagsleitung: Harald Hof
Druck: Books on Demand GmbH, In de Tarpen 42, 22848 Norderstedt

Imprint
Publisher: BABADADA GmbH, Nedderfeld 112 , 22529 Hamburg, Germany
Managing Director / Publishing direction: Harald Hof
Print: Books on Demand GmbH, In de Tarpen 42, 22848 Norderstedt

sekolah

shule

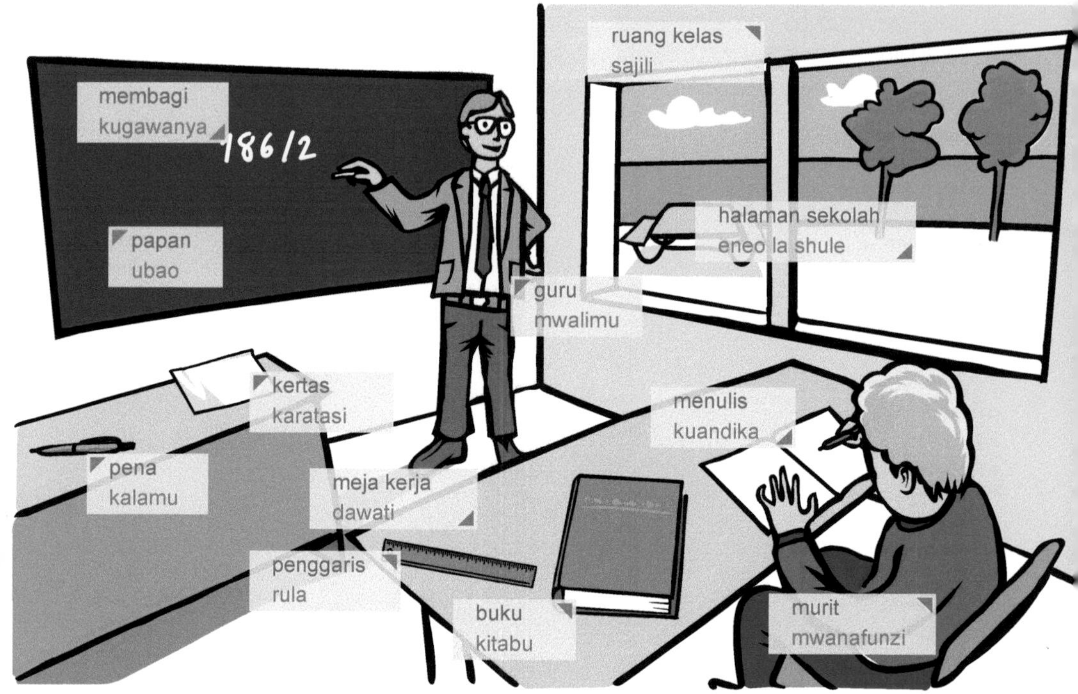
ruang kelas
sajili
membagi
kugawanya
186/2
papan
ubao
halaman sekolah
eneo la shule
guru
mwalimu
kertas
karatasi
menulis
kuandika
pena
kalamu
meja kerja
dawati
penggaris
rula
buku
kitabu
murit
mwanafunzi

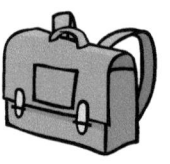

tas sekolah

mkoba

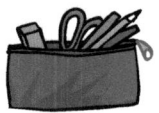

tempat pensil

kikasha cha penseli

pensil

penseli

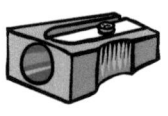

pengasah pensil

kichonga penseli

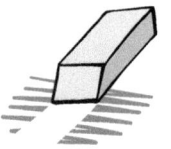

penghapus

mpira

kertas gambar

pedi ya kuchora

gambar

uchoraji

kuas

brashi ya rangi

kotak cat

sanduku la rangi

gunting

mkasi

lem

gundi

buku latihan

daftari

pekerjaan rumah

kazi ya nyumbani

angka

nambari

tambhakan

jumlisha

mengurangi

ondoa

mengalikan

zidisha

menghitung

kokotoa

huruf

barua

alfabet

alfabeti

kata

neno

teks
....
maandishi

membaca
....
kusoma

kapur
....
chaki

pelajaran
....
somo

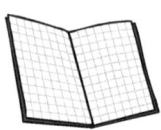

daftar
....
sajili

ujian
....
uchunguzi

sertifikat
....
cheti

seragam sekolah
....
sare za shule

pendidikan
....
elimu

ensiklopedi
....
elezo

universitas
....
chuo kikuu

mikroskop
....
darubini

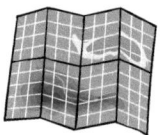

peta
....
ramani

tempat sampah
....
kikapu cha kuweka karatasi
chafu

perjalanan
usafiri

hotel
hoteli
Grand
hostel
hosteli
ROOMS
kantor pertukaran mata uang
ofisi ya ubadilishanaji
koper
sanduku
mobil
gari

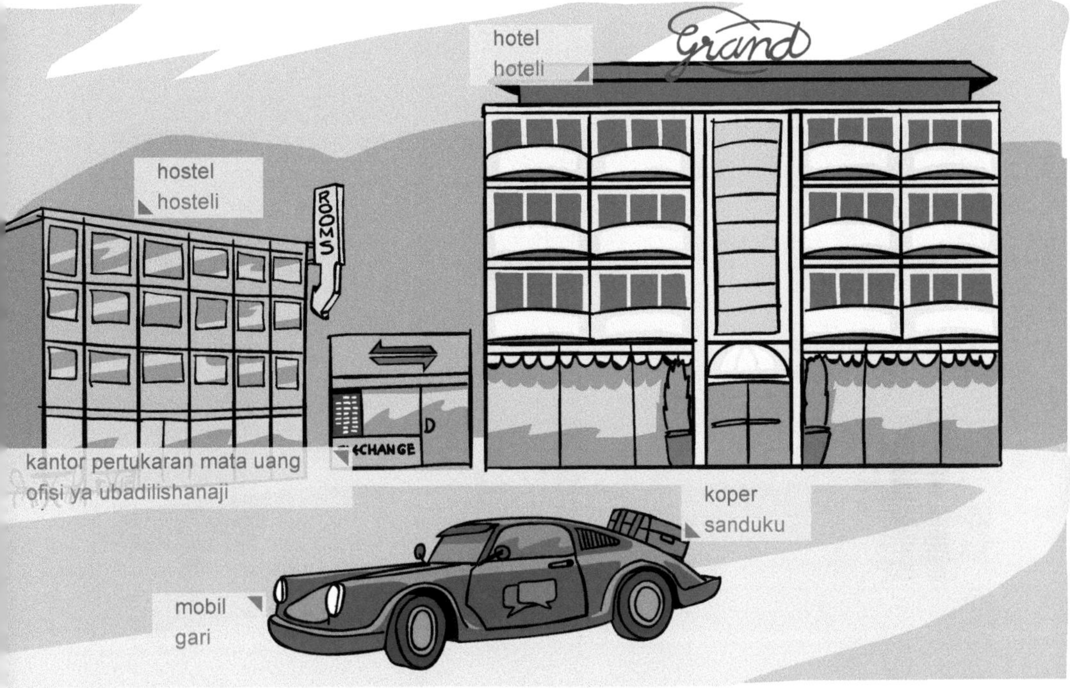

bahasa
lugha

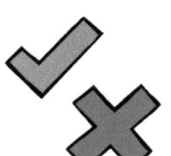

ya / tidak
ndiyo / la

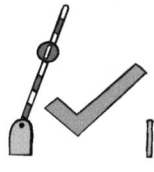

okay
sawa

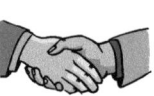

hallo
hujambo

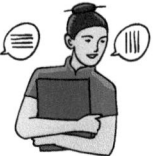

penerjemah
mtafsiri

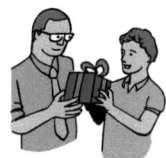

terima kasih
Asante

Berapa harganya...?

kiasi gani ni ...?

saya tidak mengerti

Sielewi

masalah

tatizo

Selamat malam!

Jioni njema!

Selamat siang!

Habari za asubuhi!

Selamat tidur!

Usiku mwema!

sampai jumpa

kwa heri

arah

mwelekeo

bagasi

mizigo

tas

mfuko

ransel

shanta

tamu

mgeni

ruang

chumba

kantong tidur

begi la kulalia

tenda

hema

informasi wisata

taarifa ya utalii

pantai

ufuo

kartu kredit

kadi

sarapan

kifunguakinywa

makan siang

chakula cha mchana

makan malam

chakula cha jioni

tiket

tiketi

elevator

kuinua

perangko

muhuri

perbatasan

mpaka

cukai

mila

kedutaan

ubalozi

visa

visa

paspor

pasipoti

transportasi
usafiri

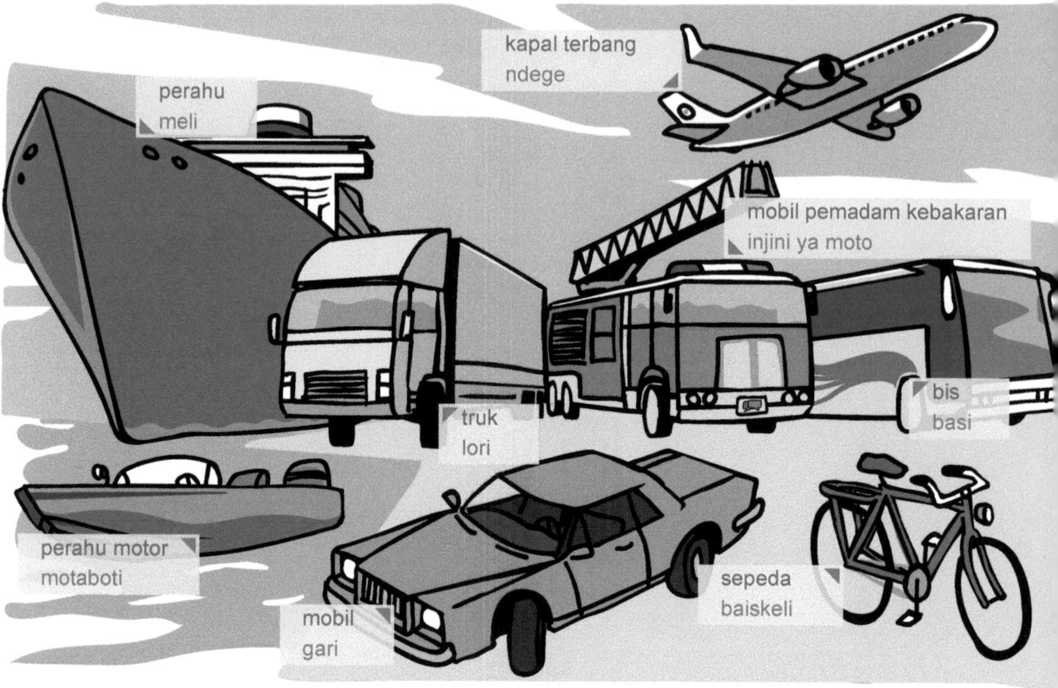

kapal terbang
ndege
perahu
meli
mobil pemadam kebakaran
injini ya moto
truk
lori
bis
basi
perahu motor
motaboti
sepeda
baiskeli
mobil
gari

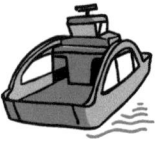

feri
feri

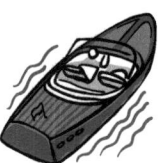

perahu
mashua

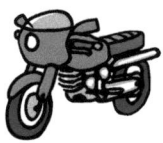

sepeda motor
pikipiki

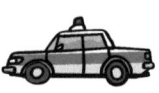

mobil polisi
gari la polisi

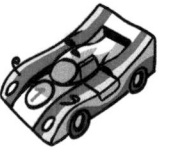

mobil balapan
gari la mashindano

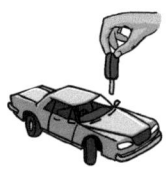

mobil sewa
gari la kukodisha

berbagi mobil
....
kushiriki gari

truk derek
....
lori la kuvuta

truk sampah
....
ukusanyaji taka

motor
....
motor

bahan bakar
....
mafuta

bensin
....
kituo cha mafuta

tanda lalulintas
....
ishara trafiki

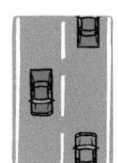

lalulintas
....
trafiki

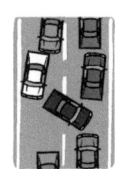

macet
....
msongamano

parkir mobil
....
maegesho

stasiun kereta
....
kituo cha treni

trek
....
reli

kereta api
....
garimoshi

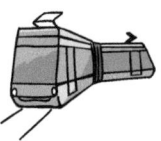

tram
....
tremu

gerobak
....
gari la mizigo

helikopter

helikopta

bendara

uwanja wa ndege

menara

mnara

penumpang

abiria

container

chombo

karton

katoni

troli

mkokoteni

keranjang

kikapu

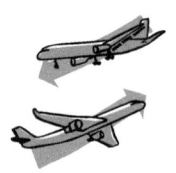

berangkat / mendarat

ondoka

kota

jiji

desa

kijiji

pusat kota

katikati ya jiji

rumah

nyumba

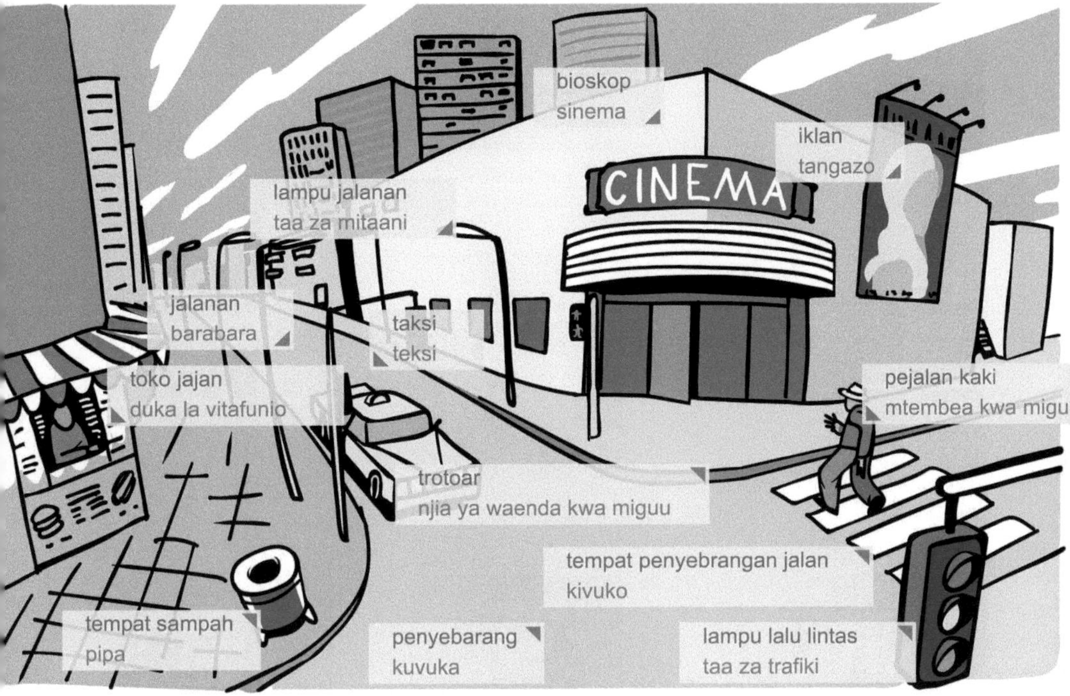

bioskop
sinema

iklan
tangazo

lampu jalanan
taa za mitaani

CINEMA

jalanan
barabara

taksi
teksi

toko jajan
duka la vitafunio

pejalan kaki
mtembea kwa migu

trotoar
njia ya waenda kwa miguu

tempat penyebrangan jalan
kivuko

tempat sampah
pipa

penyebarang
kuvuka

lampu lalu lintas
taa za trafiki

gubuk

kibanda

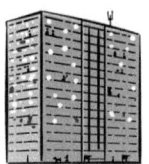

rumah flat

gorofa

stasiun kereta

kituo cha treni

balai kota

ukumbi wa mji

museum

Makavazi

sekolah

shule

universitas

chuo kikuu

bank

benki

rumah sakit

hospitali

hotel

hoteli

farmasi

duka la dawa

kantor

ofisi

toko buku

duka la kitabu

toko

duka

toko bunga

duka la maua

supermarket

dukakuu

pasar

soko

toko serba ada

idara ya kuhifadhi

nelayan

mwuza samaki

pusat belanja

kituo cha ununuzi

pelabuhan

bandari

taman

Hifadhi

banku

benki

jembatan

daraja

tangga

vidato

kereta bawah tanah

chini ya ardhi

terowongan

handaki

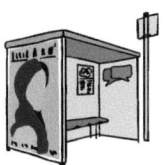

pemberhantian bis

kituo cha mabasi

bar

bar

restauran

mgahawa

kotak surat

sanduku la posta

tanda jalan

ishara ya barabara

meteran parkir

mita ya maegesho

kebun binatang

bustani ya wanyama

kolam renang

kidimbwi cha kuogelea

mesjid

msikiti

pertanian	polusi	kuburan
shamba	uchafuzi	makaburini

gereja	tempat bermain	pura
kanisa	uwanja wa michezo	hekalu

pemandangan
mazingira

daun
jani

penunjuk arah
ishara ya mwelekeo

jalanan
njia

padang rumput
malisho

batu
jiwe

pohon
mti

pejalak kaki
mtembeaji wa masafa

sungai
mto

rumput
nyasi

bunga
ua

lembah
bonde

bukit
kilima

danau
ziwa

hutan
msitu

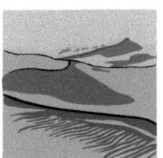

padang gurun
jangwa

gunung berapi
volkano

istana
ngome

pelangi
upinde wa mvua

jamur
uyoga

pohon palem
mtende

nyamuk
mbu

lalat
kuruka

semut
chungu

lebah
nyuki

laba-laba
buibui

kumbang

mende

kodok

chura

tupai

kuchakuro

landak

nungunungu

kelinci

sungura

burung hantu

bundi

burung

ndege

angsa

swan

babi jantan

nguruwe mwitu

rusa

kulungu

rusa

aina ya kongoni

bendungan

bwawa

turbin angin

tabo ya upepo

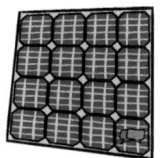

panel surya

nishaji ya jua

iklim

hali ya hewa

restauran
mgahawa

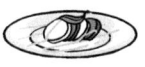

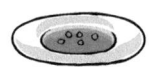

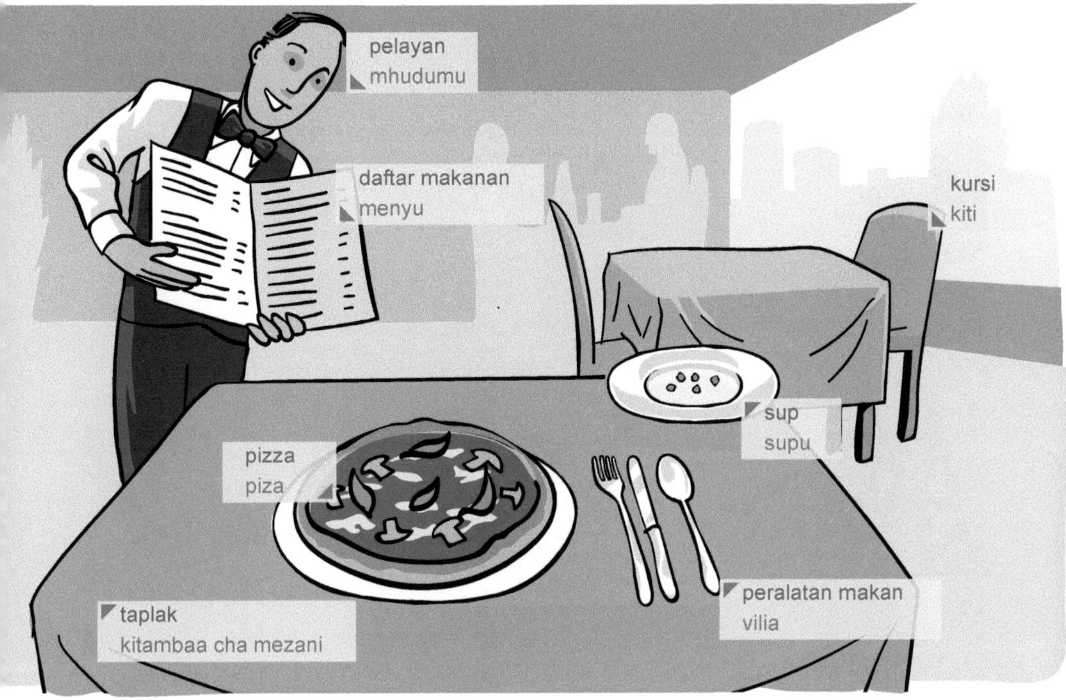
pelayan
mhudumu
daftar makanan
menyu
kursi
kiti
sup
supu
pizza
piza
taplak
kitambaa cha mezani
peralatan makan
vilia

hindangan pembuka

kiamsha hamu

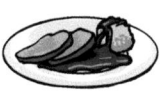

hidangan utama

kozi kuu

hidangan penutup

kitindamlo

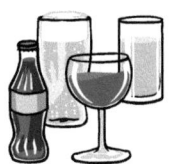

minuman

vinywaji

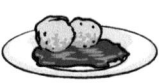

makanan

chakula

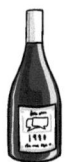

botol

chupa

fastfood

chakula cha haraka

masakan jalanan

Streetfood

teko teh

buli

kaleng gula

kisanduku cha sukari

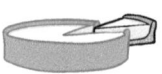

porsi

sehemu

mesin espresso

mashine ya espresso

kursi tinggi

kiti kirefu

tagihan

muswada

baki

trei

pisau

kisu

garpu

uma

sendok

kijiko

sendok teh

kijiko cha chai

serbet

nepi

gelas

glasi

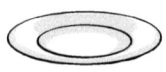

piring

sahani

piring sup

sahani ya supu

lepek

sufuria

saus

mchuzi

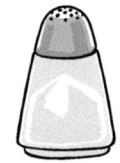

tempat garam

kichanyaji chumvi

gilingan merica

kinu cha pilipili

cuka

siki

minyak

mafuta

bumbu

viungo

saus tomat

kechapu

mustar

haradali

mayones

kachumbari nzito

supermarket
dukakuu

penawaran khusus
ofa maalum
FOR
klien
mteja
produk susu
maziwa
buah
matunda
troli
toroli

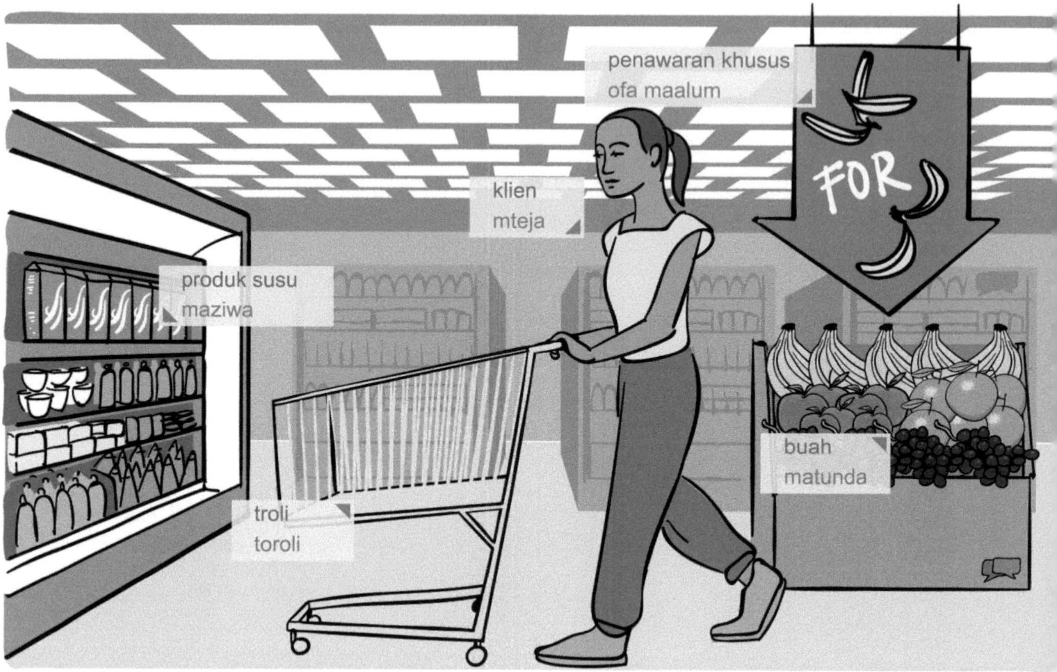

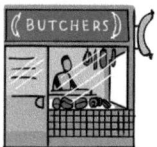

pembantai

mchinjaji

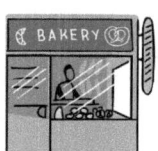

toko roti

mwokaji

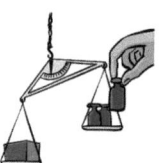

menimbang

uzito

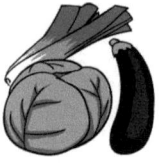

sayur

mboga

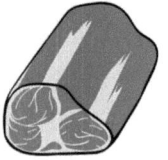

daging

nyama

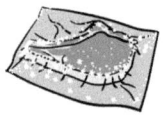

makanan beku

chakula waliohifadhiwa

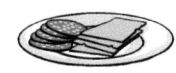

pemotongan dingin

vipande vya nyama baridi

makanan kaleng

chakula cha kopo

sabun serbuk

sabuni ya unga

permen

pipi

alat-alat rumah tangga

bidhaa za kaya

obat pembersihan

bidhaa za kusafisha

penjual

mtu mauzo

kasa

mpaka

kasir

keshia

daftar belanja

orodha ya manunuzi

jam buka

masaa ya ufunguzi

dompet

mkoba

kartu kredit

kadi

tas

mfuko

kantong plastik

mfuko wa plastiki

air

maji

jus

sharubati

susu

maziwa

cola

coke

anggur

mvinyo

bir

bia

alkohol

pombe

coklat

kakao

teh

chai

kopi

kahawa

espresso

spreso

cappucino

kapuchino

pisang

ndizi

apel

tufaha

jeruk

machungwa

semangka

tikiti

jeruk lemon

lemon

wortel

karoti

bawang putih

kitunguu saumu

bambu

mianzi

bawang bombai

kitunguu

jamur

uyoga

kacang

karanga

mi

nudo

spagetti

spageti

nasi

mpunga

salat

saladi

kentang goreng

vibanzi

kentang goreng

viazi vya kukaanga

pizza

piza

hamburger

hambaga

sandwich

sandwichi

sayatan

kipande

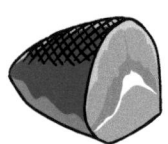

ham

paja la mnyama

salami

salami

sosis

soseji

ayam

kuku

menggoreng

choma

ikan

samaki

bubur gandum

oats ya uji

sereal

muesli

cornflakes

cornflakes

tepung

unga

croissant

kroisanti

roti

andazi

roti

mkate

toast

mkate wa kubanika

biskuit

biskuti

mentega

siagi

dadih

maziwa mgando

kue

keki

telur

yai

telur goreng

yai kukaanga

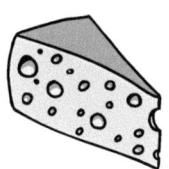

keju

jibini

makanan - chakula

eskrim

aiskrimu

gula

sukari

madu

asali

selai

jemu

krim nugat

kuenea kwa chokoleti

kare

mchuzi wa viungo

makanan - chakula

pertanian
shamba

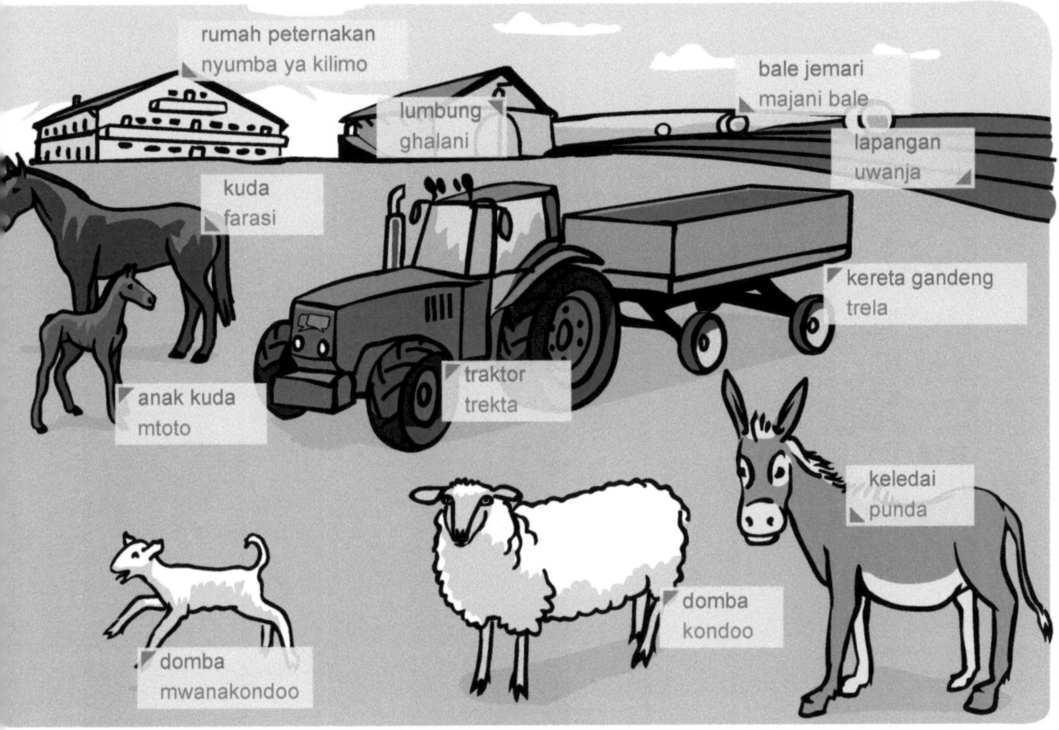
rumah peternakan
nyumba ya kilimo
lumbung
ghalani
bale jemari
majani bale
lapangan
uwanja
kuda
farasi
kereta gandeng
trela
traktor
trekta
anak kuda
mtoto
keledai
punda
domba
kondoo
domba
mwanakondoo

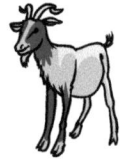

kambing

mbuzi

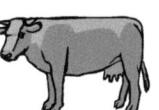

sapi

ng'ombe

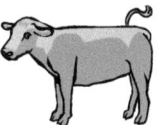

betis

ndama

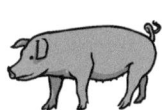

babi

nguruwe

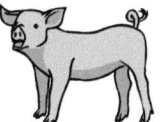

celeng

mwananguruwe

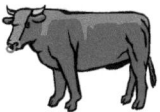

banteng

fahali

angsa

batabukini

bebek

bata

anak ayam

kifaranga

ayam

kuku

ayam jantan

jogoo

tikus

panya

kucing

paka

tikus

panya

lembu

ng'ombe

anjing

mbwa

rumah anjing

nyumba ya mbwa

selang

bomba la bustani

penyiram

debe la kumwagilia maji

sabit

fyekeo

bajak

kulima

sabit

mundu

cangkul

jembe

garpu rumput

uma wa nyasi

kapak

shoka

gerobak

toroli

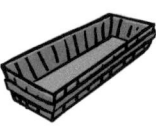

palung

kupitia nyimbo

kaleng susu

chombo cha maziwa

karung

gunia

pagar

ua

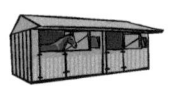

kandang

imara

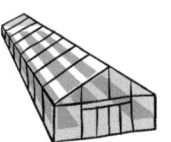

rumah kaca

chafu

tanah

udongo

benih

mbegu

pupuk

mbolea

mesin pemanen

kivunaji

panen
mavuno

panen
mavuno

yams
viazi vikuu

gandum
ngano

kedelai
soya

kentang
viazi

jagung
mahindi

lobak
rapa

pohon buah
mti wa matunda

singkong
muhogo

sereal
nafaka

rumah
nyumba

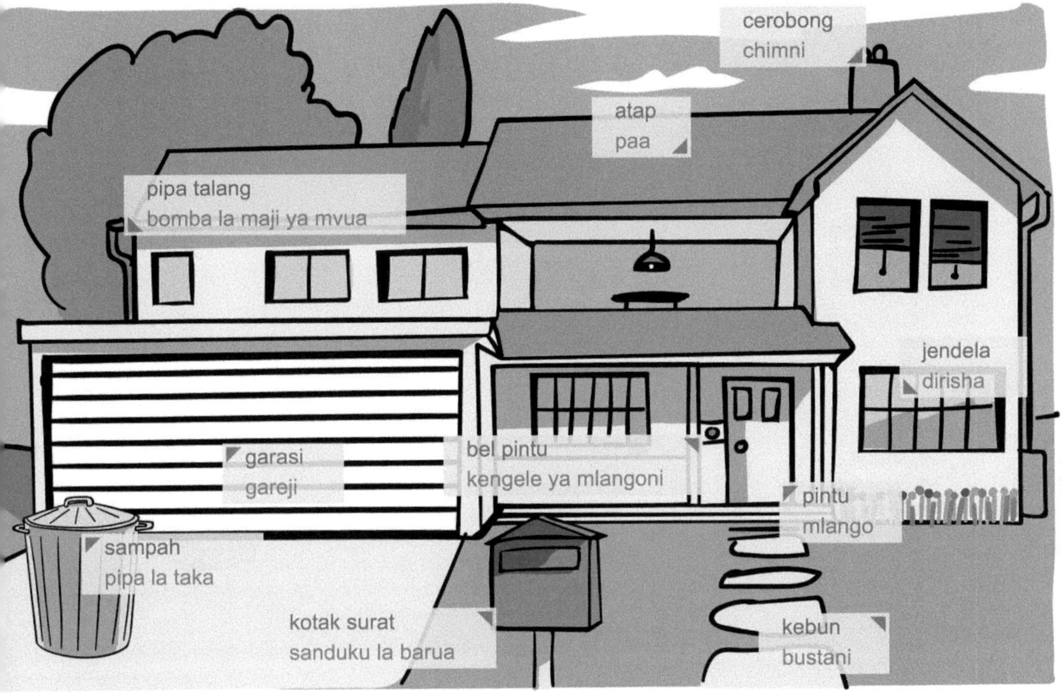
cerobong
chimni
atap
paa
pipa talang
bomba la maji ya mvua
jendela
dirisha
garasi
gareji
bel pintu
kengele ya mlangoni
pintu
mlango
sampah
pipa la taka
kotak surat
sanduku la barua
kebun
bustani

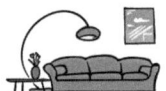

ruang tamu
sebuleni

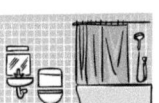

kamar mandi
bafu

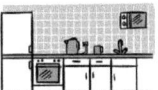

dapur
jikoni

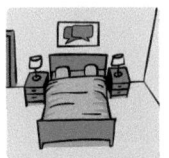

kamar tidur
chumba cha kulala

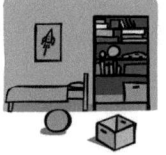

kamar anak
chumba ya mtoto

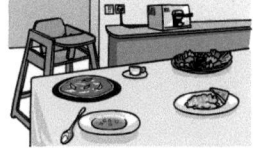

kamar makan
chumba cha kulia

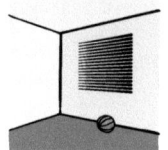

lantai
sakafu

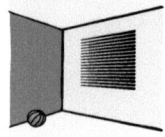

tembok
ukuta

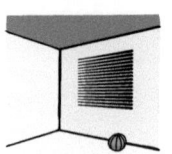

atap
dari

gudang di bawah tanah
pishi

sauna
sauna

balkon
roshani

teras
mtaro

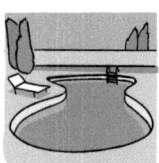

kolam renang
kidimbwi

mesin pemotong rumput
mashine ya kukata nyasi

sprei
karatasi

selimut
kitambaa cha kupamba
kitanda

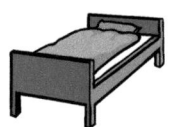

tempat tidur
kitanda

sapu
ufagio

ember
ndoo

tombol
kubadili

ruang tamu
sebuleni

kertas dinding
mandhari
gambar
picha
lampu
taa
rak
rafu
kabinet
kabati
televisi
televisheni/runinga
perapian
mekoni
bunga
ua
bantal
mto
sofa
sofa
vas
chombo cha maua
remote control
kitenzambali

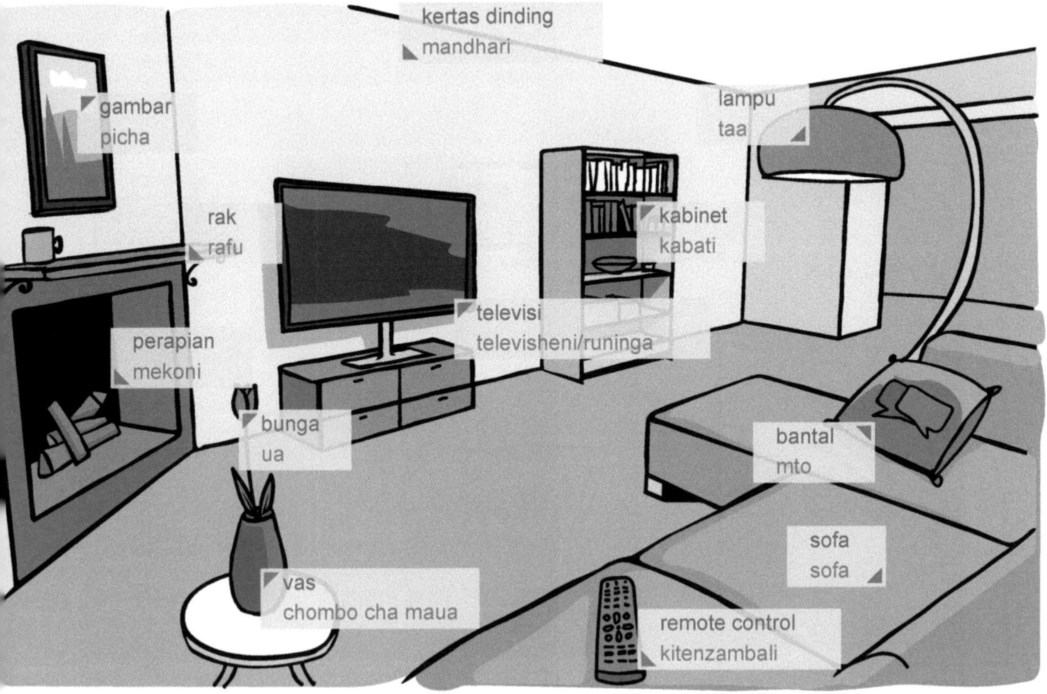

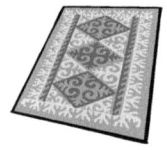

karpet
zulia

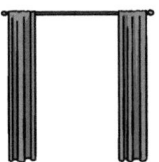

korden
pazia

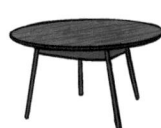

meja
meza

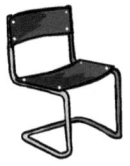

kursi
kiti

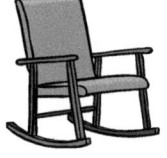

kursi goyang
kiti cha bembea

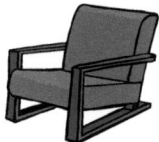

kursi malas
armchair

buku

kitabu

selimut

blanketi

dekorasi

mapambo

kayu bakar

kuni

filem

filamu

hi-fi

kifaa cha hi-fi

kunci

ufunguo

koran

gazeti

lukisan

uchoraji

poster

bango

radio

redio

buku tulis

daftari

penyedot debu

kifyonza

kaktus

dungusi kakati

lilin

mshumaa

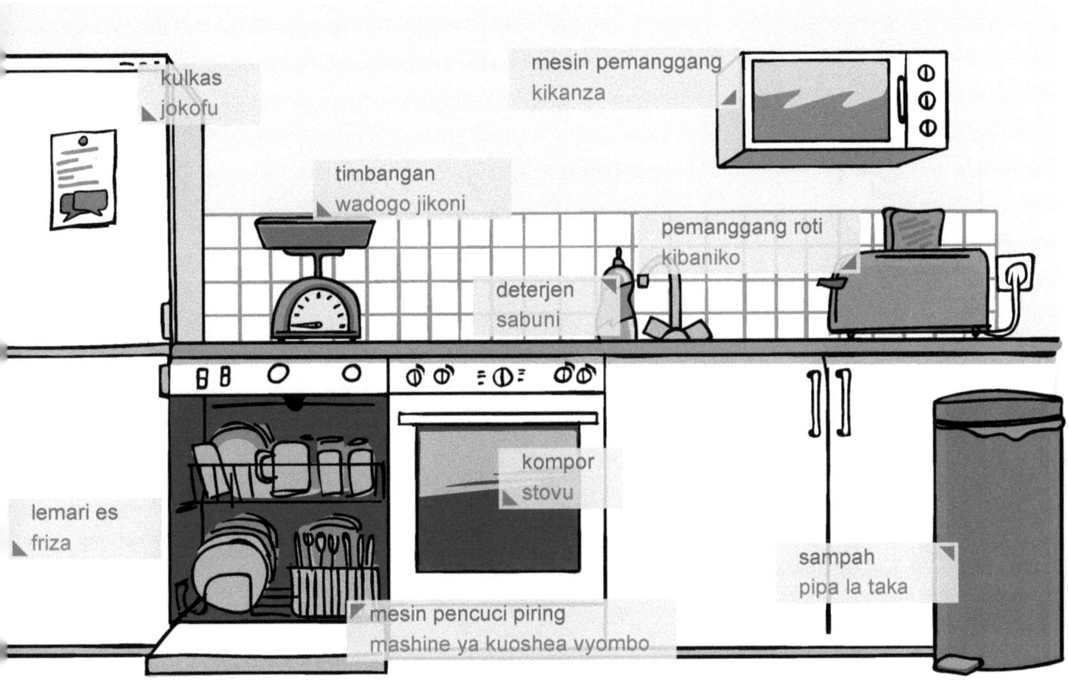

kulkas
jokofu

mesin pemanggang
kikanza

timbangan
wadogo jikoni

pemanggang roti
kibaniko

deterjen
sabuni

kompor
stovu

lemari es
friza

sampah
pipa la taka

mesin pencuci piring
mashine ya kuoshea vyombo

kompor
jiko la kupika

panci
chungu

panci besi
sufuria ya chuma

wajan
wok / kadai

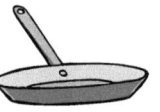

panci
kaango

pemanas air
birika

panci pengukus makanan

stima

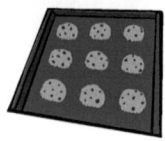

nampan

sinia ya kuoka

piring

vyombo vya udongo

cangkir

kombe

mangkok

bakuli

sumpit

vijiti vya kulia

sendok sup

ukawa

sudip

mwiko mpana

mengocok

burashi

saringan

kichujio

saringan

chujio

parutan

mbuzi

mortir

chokaa

barbeque

barbeque

api terbuka

moto wazi

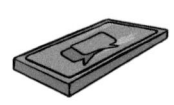

papan memotong

ubao wa majaribio

gilingan

kijiti cha kusukuma unga

alat pembuka botol

kizibuo

kaleng

kopo

pembuka kaleng

inaweza kopo

pegangan panci

kishikio cha chungu

wastafel

karo

sikat

brashi

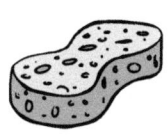

busa

sifongo

mesin pencampur

kisagaji matunda

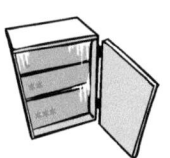

lemari es

friji ya kina

botol bayi

chupa ya mtoto

keran

bomba

dapur - jikoni

kamar mandi
bafu

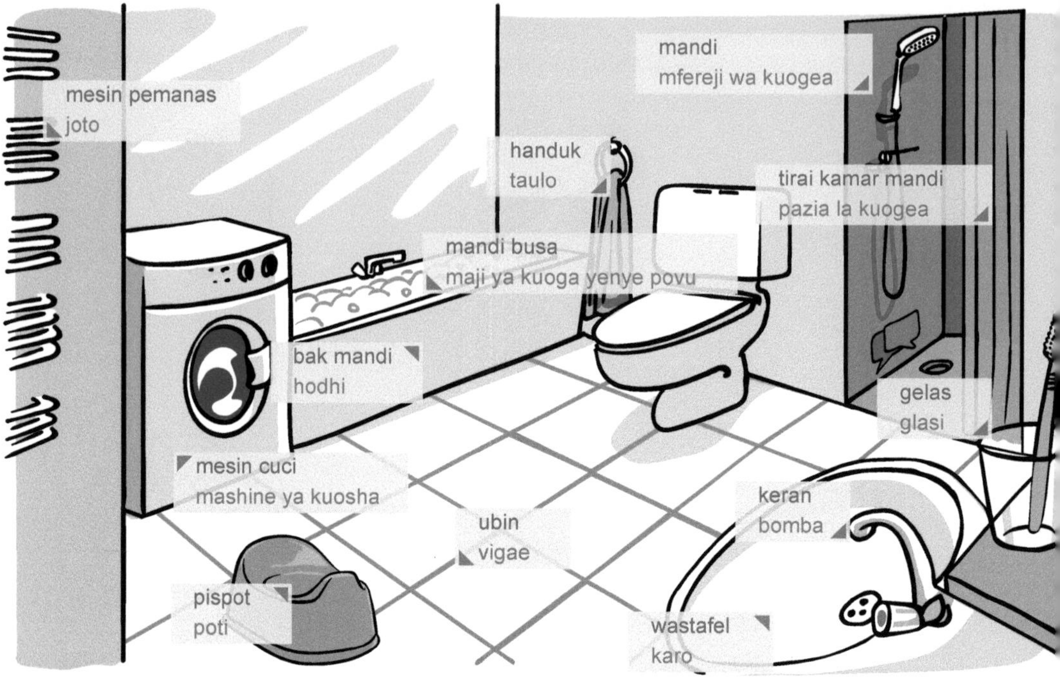

mesin pemanas
joto
mandi
mfereji wa kuogea
handuk
taulo
tirai kamar mandi
pazia la kuogea
mandi busa
maji ya kuoga yenye povu
bak mandi
hodhi
gelas
glasi
mesin cuci
mashine ya kuosha
keran
bomba
ubin
vigae
pispot
poti
wastafel
karo

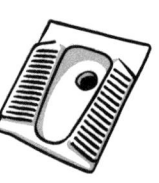

toilet
choo

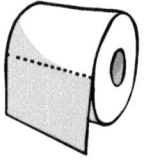

toilet jongkok
choo cha squat

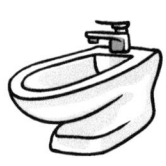

bidet
beseni la mviringo

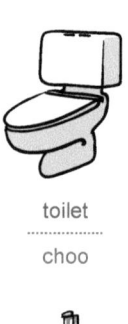

pissoir
choo cha umma

kertas toilet
shashi

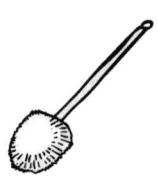

sikat toilet
brashi ya choo

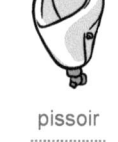

sikat gigi

mswaki

pasta gigi

dawa ya meno

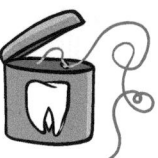

benang gigi

dawa ya meno

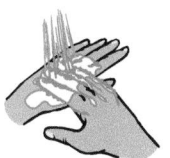

menyuci

safisha

pancuran tangan

kuoga mkono

pancuran

msukumo wa maji

bak

bonde

sikat punggung

mpako wa pili

sabun

sabuni

gel mandi

jeli ya kuogea

sampo

shampuu

planel

flana

kuras

toa maji

krim

krimu

deodoran

kiondoa harufu

kaca

kioo

cermin tangan

kioo mkono

pisau cukur

kinyozi

busa cukur

povu la kunyoa

aftershave

baada ya kunyoa

sisir

kichana

sikat

brashi

alat pengering rambut

kikausha nywele

semprot rambut

marashi ya nyewele

makeup

vipodozi

lipstik

kidomwa

cat kuku

varnish ya msumari

kapas

pamba

gunting kuku

mkasi wa kucha

minyak wangi

manukato

kantong pencuci

mkoba wa kuosha

bangku

kinyesi

timbangan

mizani

mantel mandi

nguo ya kuoga

sarung tangan karet

glavu za mpira

tampon

kisodo

handuk pembalut

sodo

toilet kimia

kemikali choo

kamar anak

chumba ya mtoto

jam alarm
saa ya kengele
boneka tidur
kidoli cha kupakata
mobil-mobilan
gari bandia
kelintung
kelele
rumah boneka
chumba cha midoli
kado
sasa

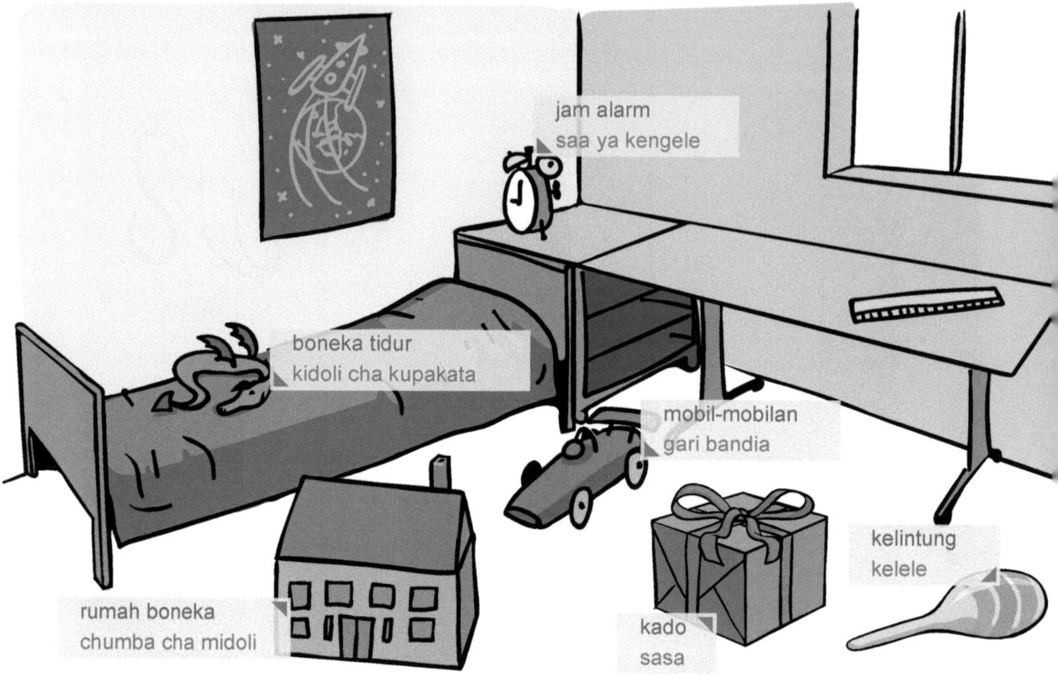

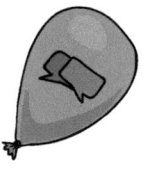

balon

baluni

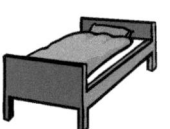

tempat tidur

kitanda

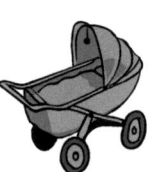

kereta bayi

mashua

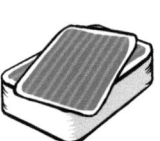

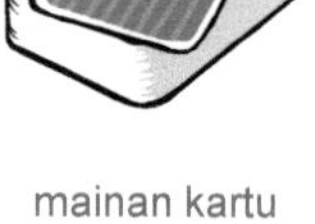

mainan kartu

staha ya kadi

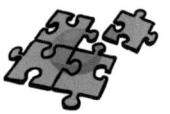

teka-teki

mchezo-fumb

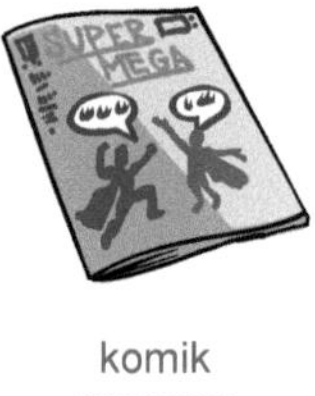

komik

vichekesho

mainan lego

matofali lego

blok mainan

vitalu mwigo

figur aksi

hatua takwimu

baju monyet

suti ya kulalia

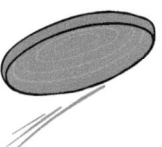

frisbee

kisahani

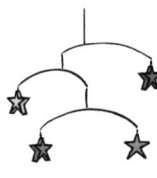

mobile

simu

permainan papan

ubao wa michezo

dadu

kete

set model kreta api

garimoshi mwigo

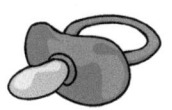

dot

dummy

pesta

chama

buku gambar

picha kitabu

bola

mpira

boneka

kikaragosi

bermain

kucheza

tempat main pasir

shimo la mchanga

ayunan

bembea

mainan

vitu bandia

video game konsol

kiweko cha video ya mchezo

sepeda roda tiga

baiskeli ya magurudumu

teddy

mwanasesere

lemari pakaian

kabati

matatu

pakaian

nguo

kaos kaki

soksi

kaos kaki

stokingi

baju ketat

kibano

syal
skafu

payung
mwavuli

kaos
fulana

sabuk
ukanda

sepatu bot
viatu

sandal
ndara

sepatu
wakufunzi

sandal	sepatu	sepatu bot karet
malapa	viatu	mabuti ya mpira
celana dalam	BH	baju rompi
suruali ya ndani	sidiria	fulana

pakaian - nguo
45

body
mwili

celana
suruali

jeans
dangirizi

rok
sketi

blus
blauzi

kemeja
shati

aket berkerudung
vuta

sweater
sweta

jaket
bleza

jaket
jaketi

mantel
koti

jas hujan
koti la mvua

kostum
maleba

gaun
gauni

gaun pengantin
mavazi ya harusi

setelan resmi

suti

gaun tidur

vazi la usiku

piyama

pajama

sari

sari

jilbab

skafu

turban

kilemba

burka

burka

kaftan

kaftan

abaya

abaya

pakaian renang

vazi la kuogelea

celana renang

vazi la kiume la kuogelea

celana pendek

kaptura

olah raga

teitei

celemek

aproni

sarung tangan

glavu

kancing

kifungo

kacamata

glasi

gelang

bangili

kalung

mkufu

cincin

pete

anting

herini

topi

kofia

gantungan mantel

kiango cha koti

topi

kofia

dasi

tai

ritsleting

zipu

helm

kofia

tali selempang

kanda za suruali

seragam sekolah

sare za shule

seragam

sare

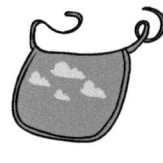

oto

bibu

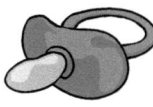

dot

dummy

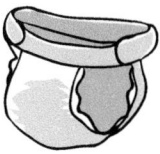

popok

nepi

kantor
ofisi

server
seva
lemari arsip
kabati la kuweka faili
kertas
karatasi
pencetak
kichapishaji
layar
kiwambo
mouse komputer
kipanya
meja kerja
dawati
tempat pengarsipan
folda
papan tombol
kibodi
t sampah
cha kuweka karatasi chafu
computer
kompyuta
kursi
kiti

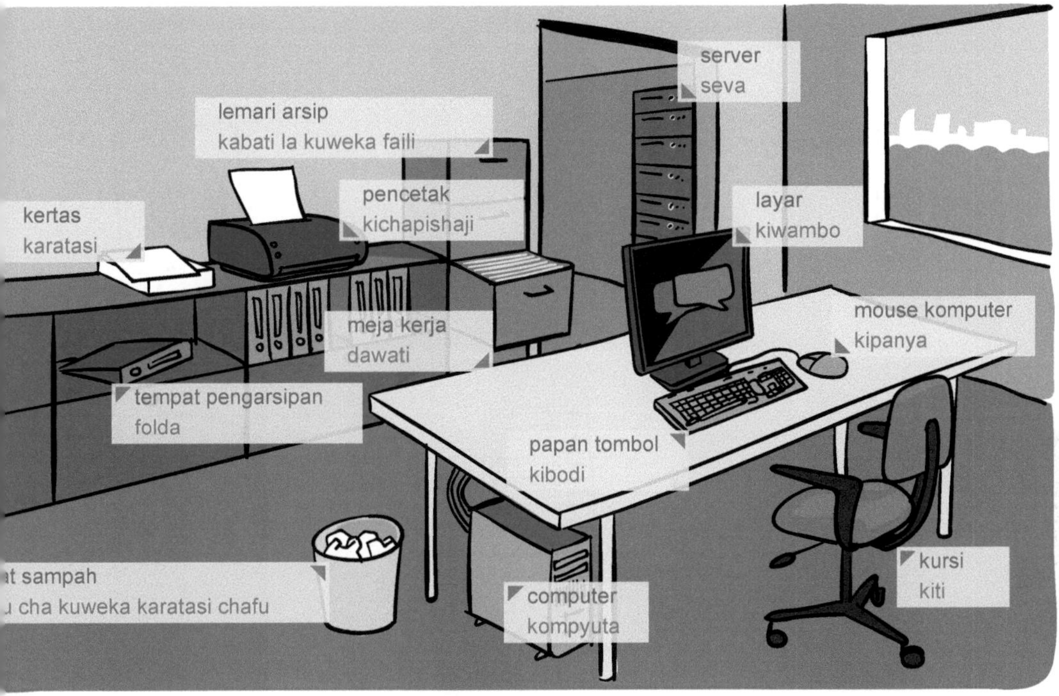

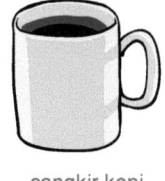

cangkir kopi

kmobe la kahawa

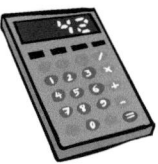

kalkulator

kikokotoo

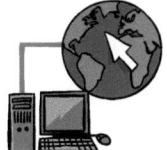

internet

biashara

laptop

mbali

surat

barua

pesan

ujumbe

telepon seluler

rununu

jaringan

intaneti

fotokopi

fotokopia

software

programu

telepon

simu

plug soket

soketi

mesin fax

kipepesi

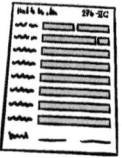

formulir

fomu

dokumen

hati

membeli

kununua

membayar

kulipa

berdagang

biashara

uang

fedha

USD

Dollar

dola

EUR

Euro

yuro

JPY

Yen

yeni

RUB

Rubel

rouble

CHF

Franc Swiss

faranga ya Uswisi

CNY

Renminbi Yuan

renminbi yuan

INR

Rupiah

rupia

ATM

ATM

eneo la kulipia

kantor pertukaran mata uang
....
ofisi ya ubadilishanaji

emas
....
dhahabu

perak
....
fedha

minyak
....
mafuta

energi
....
nishati

harga
....
bei

kontrak
....
mkataba

pajak
....
kodi

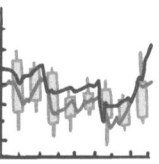

saham
....
bidhaa

bekerja
....
kazi

karyawan
....
mfanyakazi

majikan
....
mwajiri

pabrik
....
kiwanda

toko
....
duka

pekerjaan
kazi

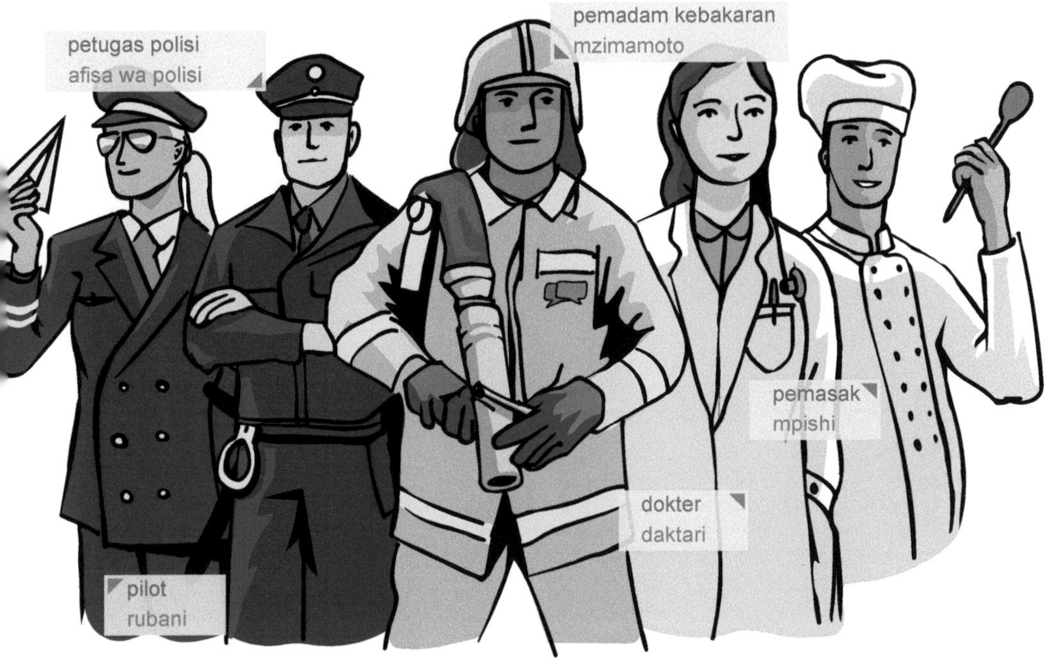

petugas polisi
afisa wa polisi
pemadam kebakaran
mzimamoto
pemasak
mpishi
dokter
daktari
pilot
rubani

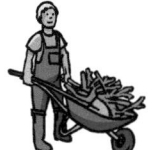

tukan kebun

mtunza bustani

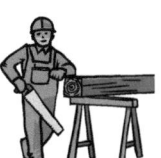

tukang kayu

seremala

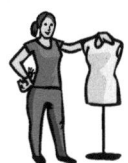

penjahit wanita

mshonaji

hakim

hakimu

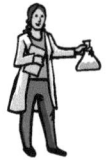

ahli kimia

mwanakemia

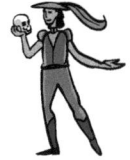

aktor

muigizaji

sopir bis

dereva wa basi

sopir taksi

dereva wa teksi

nelayan

mvuvi

pembantu

mwanamke wa kusafisha

tukang atap

mwezekaji

pelayan

mhudumu

pemburu

mwindaji

pelukis

mchoraji

tukang roti

mwokaji

tukang listrik

umeme

pembangun

mjenzi

insinyur

mhandisi

tukang daging

mchinjaji

tukang ledeng

fundi bomba

tukang pos

mwanaposta

tentara

mwanajeshi

arsitek

msanifu majengo

kasir

keshia

penjual bunga

muuza maua

penata rambut

msusi

konduktor

kondakta

montir

mekanika

kapten

nahodha

dokter gigi

daktari wa meno

ilmuwan

mwanasayansi

rabbi

rabbi

imam

imamu

biarawan

mtawa

pendeta

kasisi

alat
zana

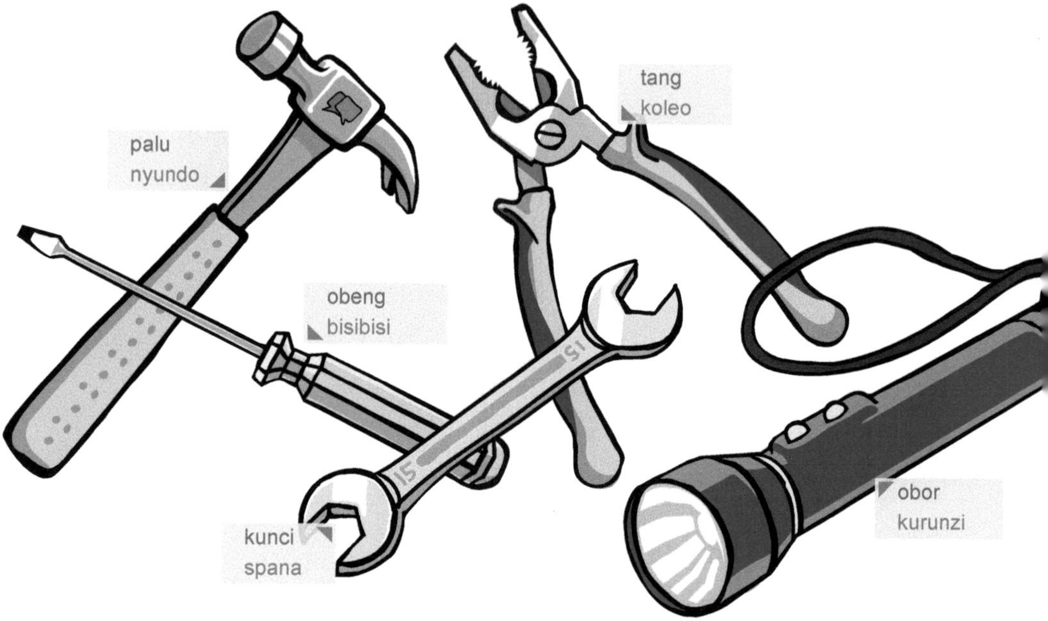

palu
nyundo
tang
koleo
obeng
bisibisi
kunci
spana
obor
kurunzi

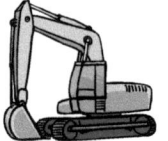

penggali

mchimbaji

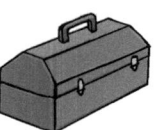

tas perkakas

sanduku la vifaa

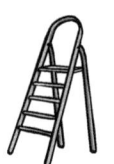

tangga

ngazi

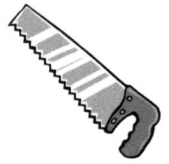

gergaji

msumeno

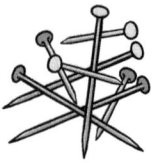

paku

misumari

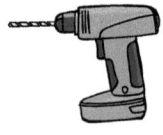

bor

kuchimba visima

perbaikan

kukarabati

sekop

sepetu

Sialan!

Lo!

cikrak

kishikio cha uchafu

pot cat

chungu cha rangi

sekrup

skurubu

alat musik
ala za muziki

alat drum
mpangilio wa ngoma

pengeras suara
spika

gitar
gita

bas
besi mara mbili

trompet
tarumbeta

piano

piano

violin

fidla

bass

ubeji

tambur

timpani

drum

ngoma

keyboard

kibodi

saksofon

saksafoni

suling

filimbi

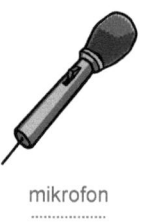

mikrofon

maikrofoni

alat musik - ala za muziki

kebun binatang

bustani ya wanyama

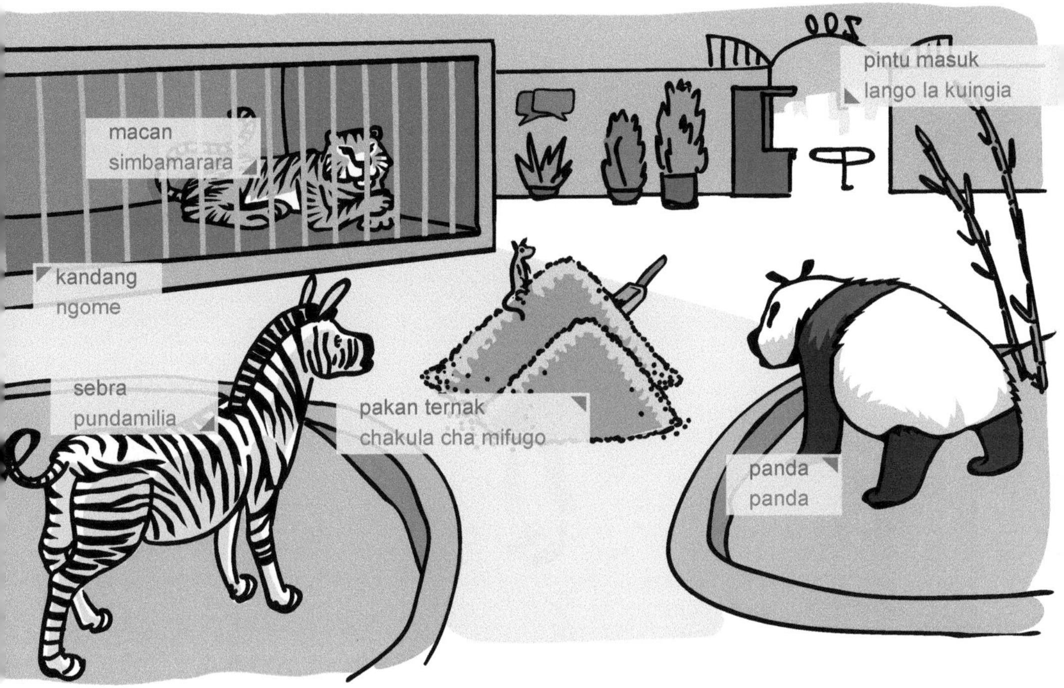

pintu masuk
lango la kuingia
macan
simbamarara
kandang
ngome
sebra
pundamilia
pakan ternak
chakula cha mifugo
panda
panda

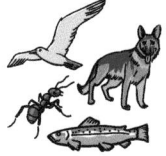

hewan

wanyama

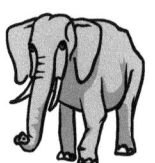

gajah

tembo

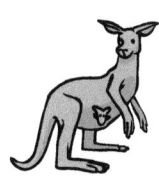

kanguru

kangaruu

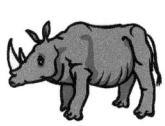

badak

kifaru

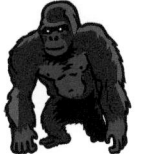

gorila

sokwe

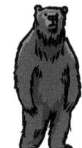

beruang

dubu

unta

ngamia

burung unta

mbuni

singa

simba

monyet

tumbili

flamingo

heroe

burung beo

kasuku

beruang polar

dubu

penguin

penguini

hiu

papa

merak

tausi

ular

nyoka

buaya

mamba

penjaga kebun binatang

mtunza wanyama

segel

muhuri

jaguar

jaguar

kuda poni

mwanafarasi

macan tutul

chui

kuda nil

kiboko

jerapah

twiga

burung elang

tai

babi jantan

nguruwe mwitu

ikan

samaki

kura-kura

kobe

anjing laut

sili

rubah

mbweha

kijang

paa

american football
soka ya marekani

naik sepeda
uendeshaji baiskeli

tennis
tenisi

basketbal
mpira wa kikapu

bernang
kuogelea

hoki es
magongo ya barafuni

tinju
ndondi

sepak bola
soka

badminton
vinyoya

atletik
riadha

bola tangan
mpira wa mikono

main ski
skii

polo
polo

aktivitas
shughuli

meloncat
kuruka
memeluk
kumbatia
ketawa
cheka
berjalan
kutembea
menyanyi
kuimba
mengimpi
ota ndoto
berdoa
kuomba
mencium
busu

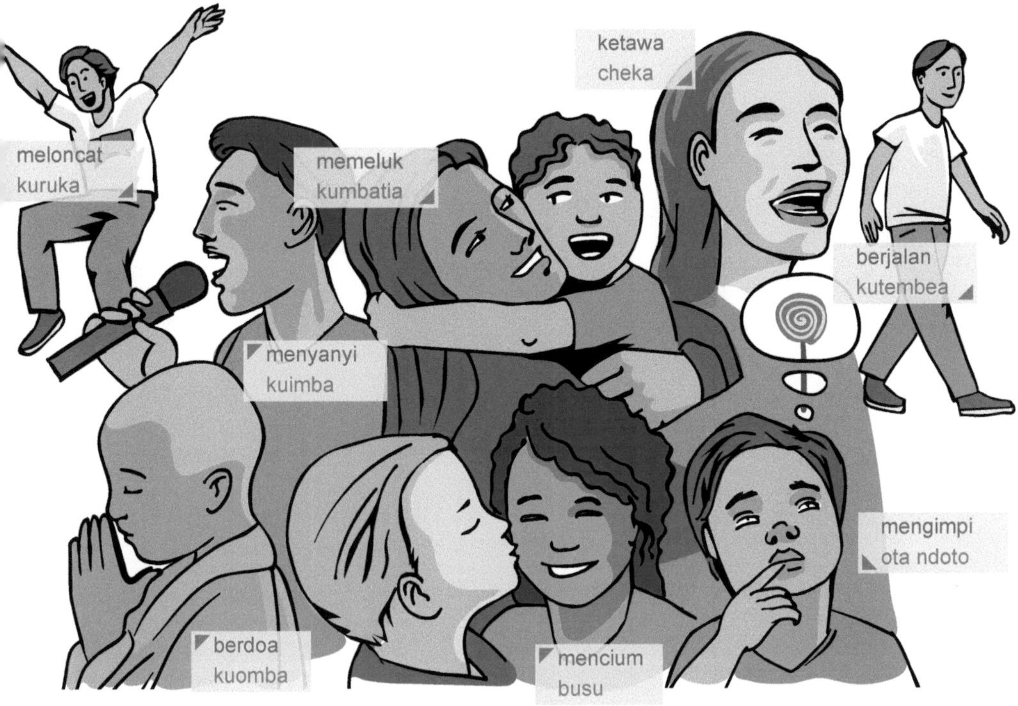

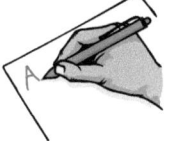

menulis

kuandika

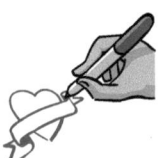

melukis

kuteka

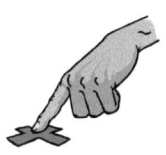

menunjuk

angalia

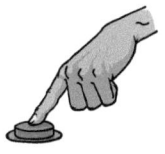

mendorong

sukuma

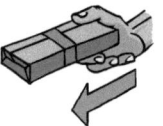

memberikan

kutoa

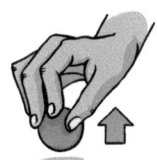

mengambil

kuchukua

mempunyai

kuwa

melakukan

fanya

adalah

kuwa

berdiri

kusimama

berlari

kukimbia

menarik

vuta

melempar

kutupa

jatuh

kuanguka

tidur

hadaa

menunggu

kusubiri

membawa

kubeba

duduk

kukaa

berpakaian

vaa nguo

tidur

usingizi

bangun

kuamka

melihat

kuangalia

menangis

lia

mengelus

kiharusi

menyisir

chana nywele

berbicara

ongea

mengerti

kuelewa

menanyak

kuuliza

mendengar

kusikiliza

minum

kunywa

makan

kula

merapikan

nadhifisha

cinta

upendo

memasak

mpishi

menyetir

gari

terbang

kuruka

berlayar

meli

menghitung

kokotoa

membaca

kusoma

belajar

kujifunza

bekerja

kazi

menikah

kuoa

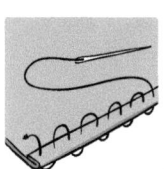

menjahit

kushona

sikat gigi

piga mswaki

membunuh

kuua

merokok

moshi

kirim

kutuma

nenek
bibi

kakek
babu

bapak
baba

ibu
mama

bayi
mtoto

putri
binti

putra
bin

tamu

mgeni

bibi

shangazi

paman

mjomba

kakak laki

kaka

kakak perempuan

dada

badan
mwili

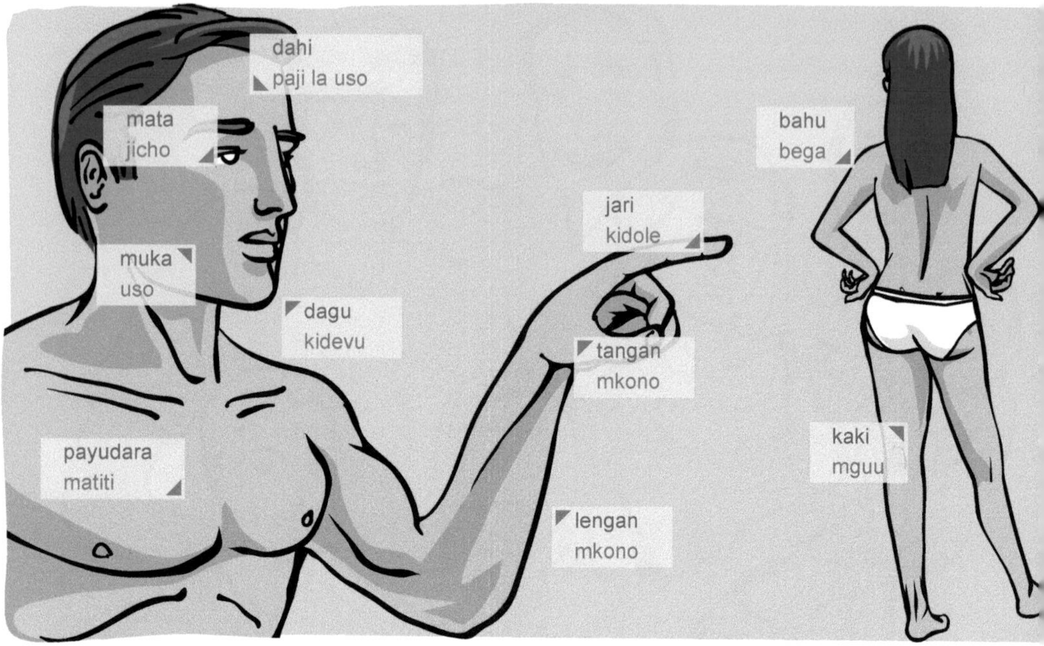

dahi
paji la uso

mata
jicho

bahu
bega

jari
kidole

muka
uso

dagu
kidevu

tangan
mkono

payudara
matiti

kaki
mguu

lengan
mkono

bayi

mtoto

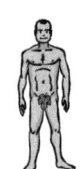

pria

mwanamume

wanita

mwanamke

perempuan

msichana

laki

mvulana

kepala

kichwa

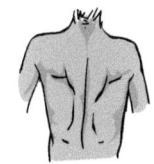

punggung

nyuma

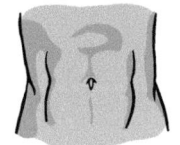

perut

tumbo

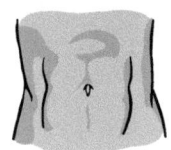

pusar

kitovu

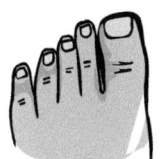

toe

chano

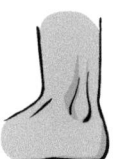

tumit

kisigino

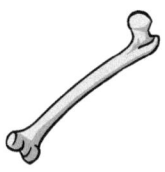

tulang

mfupa

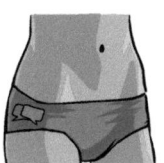

pinggang

nyonga

lutut

goti

siku

kiwiko

hidung

pua

pantat

chini

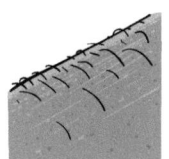

kulit

ngozi

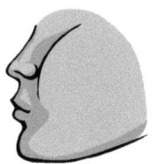

pipi

shavu

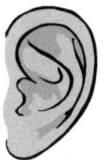

telinga

sikio

bibir

mdomo

mulut

kinywa

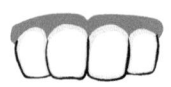

gigi

jino

lidah

ulimi

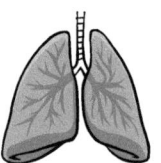

otak

ubongo

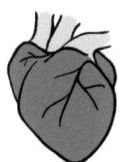

jantung

moyo

otot

misuli

paru-paru

pafu

hati

ini

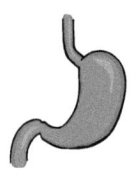

stomach

tumbo

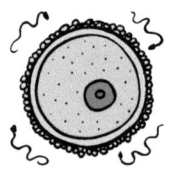

ginjal

figo

hubungan seks

jinsia

kondom

kondomu

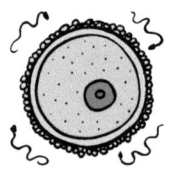

sel telur

ovari

sperma

shahawa

kehamilan

mimba

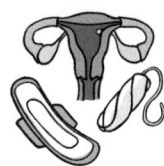

menstruasi
hedhi

vagina
uke

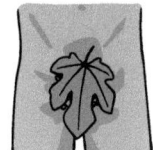

penis
uume

alis
unyusi

rambut
nywele

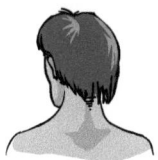

leher
shingo

rumah sakit
hospitali

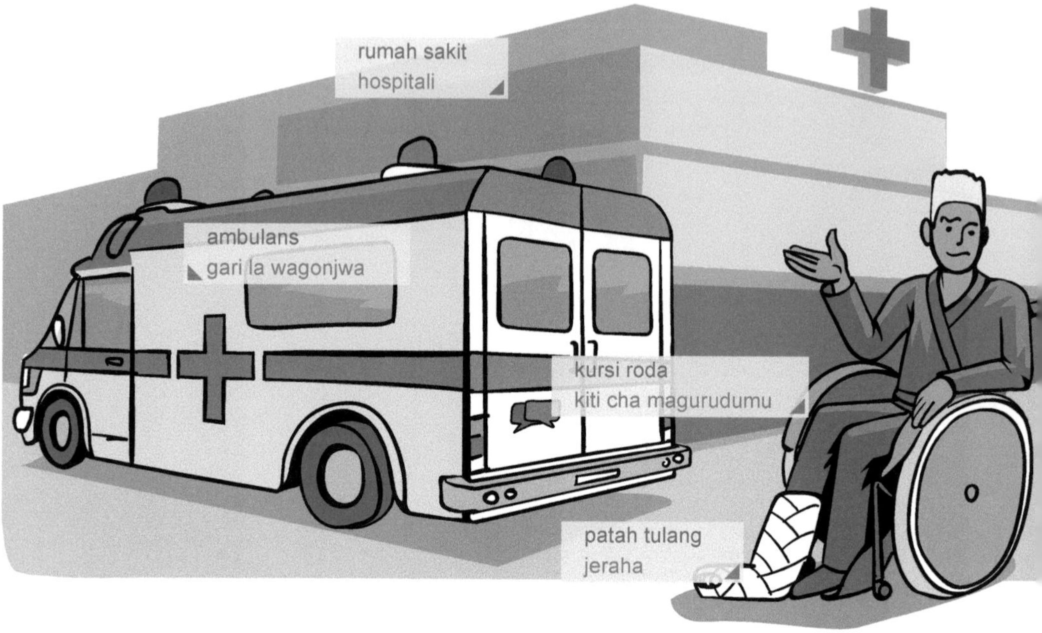

rumah sakit
hospitali
ambulans
gari la wagonjwa
kursi roda
kiti cha magurudumu
patah tulang
jeraha

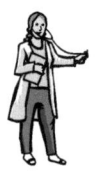

dokter

daktari

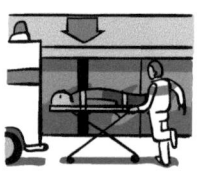

ruang darurat

chumba cha dharura

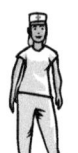

perawat

muuguzi

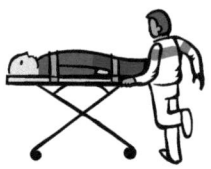

darurat

dharura

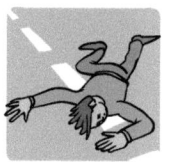

semaput

kupoteza fahamu

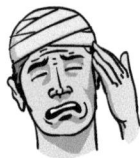

sakit

maumivu

cedera
kuumia

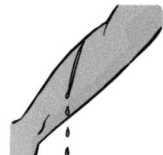

perdarahan
kutokwa na damu

serangan jantung
mshtuko wa moyo

stroke
kiharusi

alergi
mzio

batuk
kikohozi

demam
homa

flu
mafua

diare
kuharisha

sakit kepala
maumivu ya kichwa

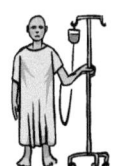

kanker
kansa

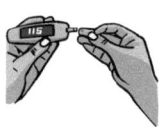

diabetes
ugonjwa wa kisukari

ahli bedah
daktari mpasuaji

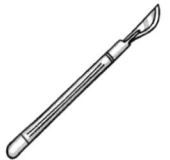

pisau bedah
kisu kidogo cha kupasulia

operasi
operesheni

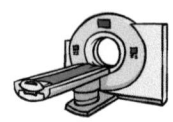

CT

picha changanufu ya mwili

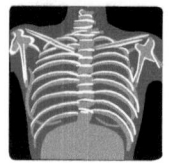

sinar x

Eksrei

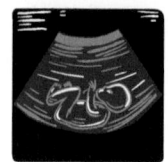

usg

mawimbi sauti

topeng

barakoa ya uso

penyakit

ugonjwa

ruang tunggu

chumba cha kusubiri

penyokong

mkongojo

plester

plasta

perban

bendeji

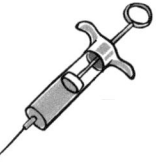

injeksi

sindano

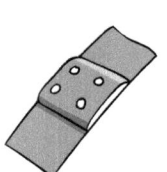

stetoskop

stetoskopu

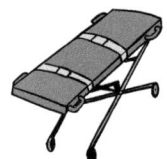

usungan

machela

termometer klinis

kipimajoto cha kliniki

kelahiran

kuzaliwa

kelebihan berat badan

unene kupita kiasi

alat pendengar

kusikia misaada

desinfektan

kipukusi

infeksi

maambukizi

virus

virusi

HIV / AIDS

VVU / UKIMWI

obat

dawa

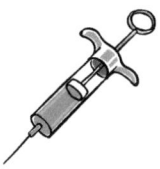

vaksinasi

chanjo

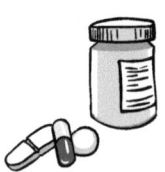

tablet

vidonge

pil

kidonge

panggilan darurat

simu ya dharura

ukur tekanan darah

haemodainamometa

sakit / sehat

mgonjwa / mwenye afya

Tolong!

Msaada!

alarm

kengele

penyerbuan

pigo

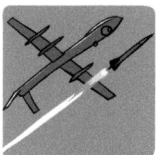

serangan

shambulizi

bahaya

hatari

pintu darurat

lango la dharura

Api!

Moto!

alat pemadam kebakaran

kizima moto

kecelakaan

ajali

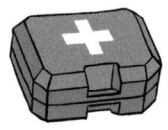

kit pertolongan pertama

vifaa vya huduma ya kwanza

SOS

wito wa msaada

polisi

polisi

Eropa

Ulaya

Amerika Utara

Amerika ya Kaskazini

Amerika Selatan

Amerika ya Kusini

Afrika

Afrika

Asia

Asia

Australi

Australia

Atlantik

Atlantiki

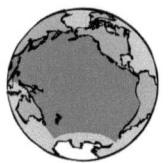

Pasifik

Pasifiki

Samudra India

Bahari ya Hindi

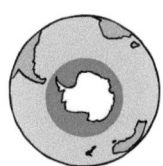

Samudra Antartika

Bahari ya Antaktiki

Samudra Arktik

Bahari ya Aktiki

kutub utara

Ncha ya Kaskazini

kutub selatan

Ncha ya Kusini

Antarktika

Antaktika

bumi

dunia

tanah

nchi

laut

bahari

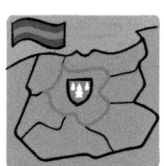

pulau

kisiwa

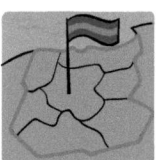

bangsa

taifa

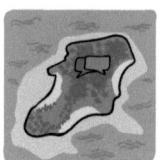

negara

jimbo

jam wajah

uso wa saa

jarum pendek

akrabu ya saa

jarum menit

akrabu ya dakika

jarum detik

akrabu ya sekunde

Jam berapa?

Ni saa ngapi?

hari

siku

waktu

wakati

sekarang

sasa

jam digital

saa ya dijitali

menit

dakika

jam

saa

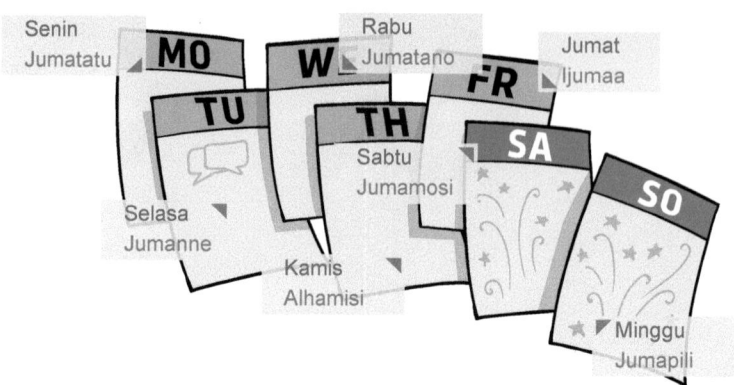

Senin Jumatatu — Rabu Jumatano — Jumat Ijumaa — Selasa Jumanne — Sabtu Jumamosi — Kamis Alhamisi — Minggu Jumapili

kemaren
jana

hari ini
leo

besok
kesho

pagi
asubuhi

siang
saa sita mchana

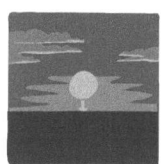

malam
jioni

hari kerja
siku za biashara

akhir minggu
mwishoni mwa wiki

tahun
mwaka

hujan
mvua
pelangi
upinde wa mvua
angin
upepo
salju
theluji
musim semi
majira ya machipuko
musim panas
kiangazi
musim gugur
vuli
musim dingin
majira ya baridi

4.APRIL 11°
5.APRIL 4°
6.APRIL 13°
7.APRIL 8°
8.APRIL 10°

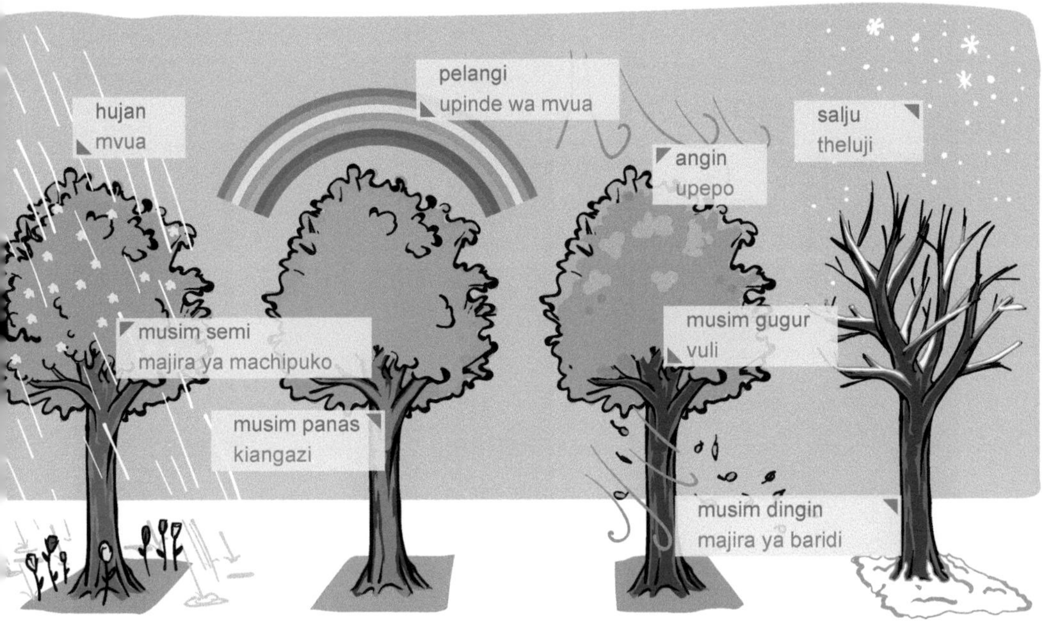

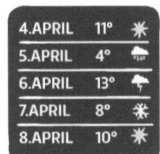

ramalan cuaca
....
utabiri wa hali ya hewa

F
C
120
90
60
30
0
-30
40
30
20
10
0
-10
-20

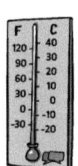

termometer
....
kipimajoto

matahari
....
mwanga wa jua

awan
....
wingu

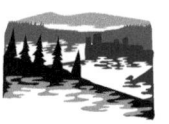

kabut
....
ukungu

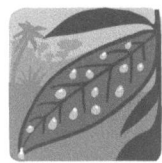

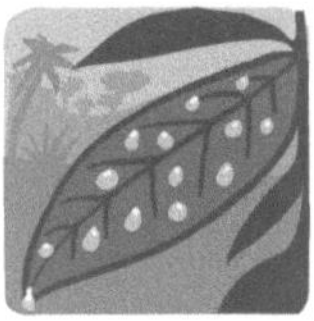

kelembahan
....
unyevu

kilat

umeme

guntur

radi

badai

dhoruba

hujan es

mvua ya mawe

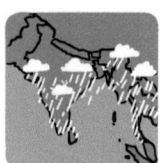

monsun

monsuni

banjir

mafuriko

es

barafu

Januari

Januari

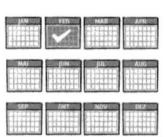

Februari

Februari

Maret

Machi

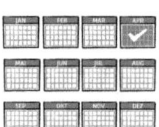

April

Aprili

Mei

Mei

Juni

Juni

Juli

Julai

Agustus

Agosti

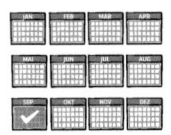

September
....
Septemba

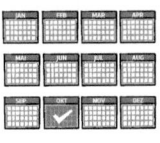

Oktober
....
Oktoba

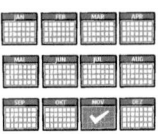

November
....
Novemba

Desember
....
Desemba

bentuk
maumbo

lingkaran
....
mduara

persegi
....
mraba

persegi panjang
....
mstatili

segi tiga
....
pembetatu

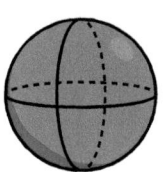

bola
....
nyanja

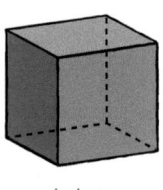

kubus
....
mchemraba

putih

nyeupe

kuning

manjano

oranye

chungwa

pink

rangi ya waridi

merah

nyekundu

ungu

hudhurungi

biru

bluu

hijau

kijani

coklat

hanja

abu-abu

jivujivu

hitam

nyeusi

banyak / sedikit

mengi / kidogo

marah / tenang

hasira / pole

cantik / jelek

nzuri / mbaya

mulaih / selesai

mwanzo / mwisho

besar / kecil

kubwa / ndogo

terang / gelap

angavu / giza

audara laki-laki / saudara perempuan

kaka / dada

bersih / kotor

safi / chafu

lengkap / tidak lengkap

kamilika / tokamilika

hari / malam

siku / usiku

mati / hidup

wafu / hai

luas / sempit

pana / nyembamba

dapat dimakan / tidak dapat
dimakan

kulika / kutolika

jahat / baik

ovu / ema

bersemangat / bosan

sisimkwa / udhika

gemuk / kurus

nene / nyembamba

pertama / terakhir

kwanza / mwisho

teman / musuh

rafiki / adui

penuh / kosong

jaa / tupu

keras / lembut

ngumu / laini

berat / enteng

nzito / nyepesi

lapar / haus

njaa / kiu

sakit / sehat

mgonjwa / mwenye afya

ilegal / legal

haramu / kisheria

cerdas / bodoh

akili / kijinga

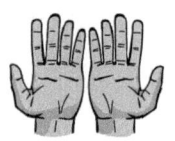

kiri / kanan

kushoto / kulia

dekat / jauh

karibu / mbali

baru / bekas

mpya / kutumika

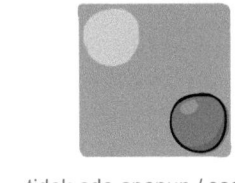

tidak ada apapun / sesuatu

kitu / jambo

tua / muda

zee / changa

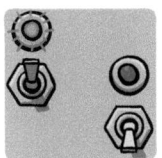

nyala / mati

waka / zima

buka / tutup

wazi / fungwa

tenang / keras

utulivu / kelele

kaya / miskin

tajiri / masikini

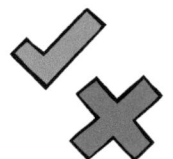

benar / salah

sahihi / kosa

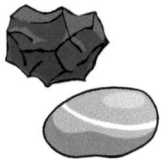

kasar / halus

mbaya / laini

sedih / gembira

huzunika / furahia

pendek / panjang

fupi /ndefu

pelan-pelan / cepat

polepole / haraka

basah / kering

nyevu / kavu

hangat / sejuk

joto / baridi

perang / damai

vita / amani

berlawanan - kinyume

0	**1**	**2**
nol	satu	dua
sufuri	moja	mbili

3	**4**	**5**
tiga	empat	lima
tatu	nne	tano

6	**7**	**8**
enam	tujuh	delapan
sita	saba	nane

9	**10**	**11**
sembilan	sepuluh	sebelas
tisa	kumi	kumi na moja

12

duabelas

kumi na mbili

13

tigabelas

kumi na tatu

14

empatbelas

kumi na nne

15

limabelas

kumi na tano

16

enambelas

kumi na sita

17

tujuhbelas

kumi na saba

18

delapanbelas

kumi na nane

19

sembilanbelas

kumi na tisa

20

duapuluh

ishirini

100

seratus

mia

1.000

seribu

elfu

1.000.000

juta

milioni

bahasa-bahasa
lugha

Inggris

Kiingereza

bahasa Inggris Amerika

Kiingereza cha Marekani

bahasa Cina Mandarin

Kimandarini cha Uchina

bahasa Hindi

Kihindi

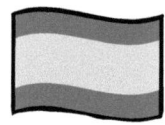

bahasa Spanyol

Kihispania

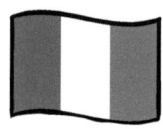

bahasa Perancis

Kifaransa

bahasa Arab

Kiarabu

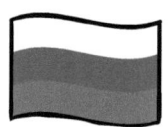

bahasa Rusia

Kirusi

bahasa Portugis

Kireno

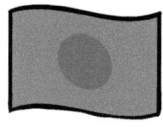

bahasa Bengal

Kibengali

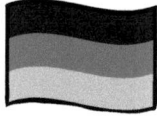

bahasa Jerman

Kijerumani

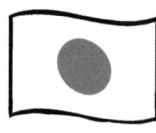

bahasa Jepang

Kijapani

saya

mimi

kamu

wewe

dia

yeye / yeye / ni

kita

sisi

kalian

wewe

mereka

wao

siapa?

nani?

apa?

nini?

begaimana?

jinsi gani?

dimana?

wapi?

kapan?

lini?

nama

jina

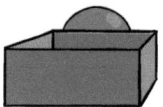

dibelakang

nyuma

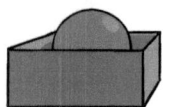

di

katika

didepan

mbele ya

diatas

juu ya

diatas

kwenye

dibawah

chini ya

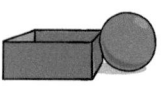

sebelah

kando

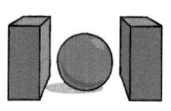

di antara

kati

tempat

mahali